Музичні інструменти

I0158261

Автор Ріанна і Раян Конвей

Library For All Ltd.

Library For All — це австралійська некомерційна організація, яка має місію зробити знання доступними для будь-кого за допомогою інноваційного цифрового бібліотечного рішення. Відвідай наш сайт libraryforall.org

Музичні інструменти

Це видання опубліковано у 2022 році

Опубліковано Library For All Ltd
Електронна пошта: info@libraryforall.org
URL-адреса: libraryforall.org

Музичні інструменти
Ріанна і Раян Конвей
ISBN: 978-1-922918-51-2
SKU03463

Музичні інструменти

2

Це гітара.

Це барабан.

Це банджо.

Це скрипка.

Це труба.

Це піаніно.

Це флейта.

Це саксофон.

Це віолончель.

Це мій голос.

Скористайся цими запитаннями, щоб обговорити книгу з сім'єю, друзями і вчителями.

Чому тебе навчила ця книга?

Опиши цю книгу одним словом. Смішна? Моторошна? Кольорова? Цікава?

Що ти відчуваєш після прочитання цієї книги?

Яка частина цієї книги найбільше тобі сподобалась?

Про автора

Ріанна Корнвей народилася у Рокгемптоні, а тепер з чоловіком живе у Брисбені. Їй подобається працювати з молоддю та допомагати їй ставати кращою версією себе. Ріанна просто обожнює читати і з задоволенням ділиться радощами читання та розказуванням оповідей з іншими. Вона вірить у важливість грамотності та необхідність висвічувати різноманітні культури в оповідях. Ріанна дуже вдячна за можливість підтримати організацію Library for All у реалізації її місії — популяризації читання в усьому світі.

Раян Конвей живе у Брисбені, Австралія. Це творча особистість з багатою уявою. Він захоплюється малюванням та будівництвом. У дитинстві він полюбляв збирати конструктор Lego та ліпити з пластиліну, даючи повну волю своїй уяві. Раян музикант та має власний невеликий бізнес із ремонту та створення гітар. Він полюбляє оповідання і цінує можливість ділитися своїми інтересами з іншими людьми. До того ж, його захоплення Lego нікуди не поділося!

Тобі сподобалась ця книга?

В нас є ще сотні унікальних оповідань, ретельно відібраних фахівцями.

Щоб забезпечити дітей у всьому світі доступом до радості читання, ми тісно співпрацюємо з авторами, педагогами, консультантами в сфері культури, представниками влади та неурядовими організаціями.

Чи відомо тобі?

Ми досягаємо глобальних результатів у цій царині, дотримуючись Цілей сталого розвитку Організації Об'єднаних Націй.

librarayforall.org

www.ingramcontent.com/pod-product-compliance
Lightning Source LLC
Chambersburg PA
CBHW042345040426
42448CB00019B/3412